NOTICE SCIENTIFIQUE

SUR LE

PENDULE DU PANTHÉON

EXPÉRIENCE REPRISE EN 1902

AU NOM DE LA

SOCIÉTÉ ASTRONOMIQUE DE FRANCE

PAR

M. CAMILLE FLAMMARION

ANCIEN PRÉSIDENT, SECRÉTAIRE GÉNÉRAL

Prix : 0 fr. 50

PARIS

SOCIÉTÉ ASTRONOMIQUE DE FRANCE

HOTEL DES SOCIÉTÉS SAVANTES

RUE SERPENTE, 28

Cette Notice représente, sauf de très légères modifications de forme, le Discours prononcé par M. Camille Flammarion, au Panthéon, à la séance d'inauguration des expériences du pendule, le 22 octobre 1902.

NOTICE SCIENTIFIQUE

SUR LE

PENDULE DU PANTHÉON

EXPÉRIENCE REPRISE EN 1902

AU NOM DE LA

SOCIÉTÉ ASTRONOMIQUE DE FRANCE

PAR

M. CAMILLE FLAMMARION

ANCIEN PRÉSIDENT, SECRÉTAIRE GÉNÉRAL

PARIS

SOCIÉTÉ ASTRONOMIQUE DE FRANCE

HOTEL DES SOCIÉTÉS SAVANTES

RUE SERPENTE, 28

LE PENDULE DU PANTHÉON

La plus magnifique leçon d'Astronomie populaire qui ait jamais été donnée au grand public est assurément l'expérience mémorable faite ici même il y a un demi-siècle par Léon Foucault. C'était la démonstration pratique, évidente, majestueuse, du mouvement de rotation de notre globe et l'affirmation grammaticale du titre de planète, ou « astre mobile », pour le monde que nous habitons. Il y a là, en effet, dans cette expérience, une leçon astronomique, philosophique et sociale. Ce n'est pas que l'on doute encore, parmi les esprits cultivés, du mouvement de la Terre. Le dernier qui ait osé se déclarer conservateur officiel des idées antiques au point de nier ce mouvement me paraît avoir été un littérateur, doué d'un esprit plus superficiel que profond, Mercier, qui écrivait en 1805 : « Les astronomes auront beau dire, ils ne me feront jamais croire que je tourne comme un poulet à la broche. » L'opinion personnelle de l'amusant auteur du *Tableau de Paris* n'a pas empêché la Terre de tourner, et il est assez curieux de voir ce même sceptique traiter Newton de mystificateur et Voltaire de complice de la mystification de l'Astronomie moderne (*). A ce jugement nous pouvons préférer celui de Racine fils dans son poème *La Religion* :

> La Terre, nuit et jour à sa marche fidèle,
> Emporte Galilée et son juge avec elle.

et celui de ce philosophe faisant remarquer que l'opinion des hommes est ici de mince importance et que, si la Terre tourne, les contradicteurs ne l'empêcheront pas de tourner et ne pourront s'empêcher non plus de tourner avec elle.

L'image de Galilée vient de passer devant nos yeux. Elle est ici à sa place, car l'immortel astronome s'est précisément ingénié le premier, dans ses célèbres *Dialogues sur le système du Monde*, à chercher les preuves expérimentales à invoquer en faveur du mouvement de la Terre. Il propose d'examiner, d'analyser la chute d'une pierre tombant du haut d'une tour, et discute, en l'affirmant, le principe de l'indépendance des mouvements simultanés. C'est, nul ne l'a oublié, cet ouvrage de discussion familière qui fut le prétexte de sa mise en accusation, de son jugement et de sa condamnation à Rome, condamnation dans laquelle il dut abjurer « l'hérésie » du mouvement

---

(*) *De l'impossibilité du système astronomique de Copernic et de Newton*, par L.-S. Mercier, membre de l'Institut. Paris, 1806.

de la Terre et promettre de ne plus donner le nom de planète à notre globe immobile et central, but de la création tout entière, séjour de la race d'Adam rachetée par l'incarnation de Dieu. Comme l'écrivait à Gassendi le R. P. Le Cazre, recteur du collège de Dijon, l'année même de la mort de Galilée : « Ce n'est pas sans raison que, dès le temps de Copernic, l'Eglise s'est toujours opposée à l'enseignement de cette erreur du mouvement de la Terre car toute l'économie du Verbe incarné et la vérité évangélique seraient rendues suspectes. »

Sans revenir sur le long combat livré entre l'ancienne conception géocentrique et anthropocentrique de l'univers et la nouvelle, combat qui n'est pas terminé (naguère encore un prince de l'Eglise, dont il me serait facile de citer le nom, d'ailleurs éminent et sympathique, m'affirmait que si la Terre n'est pas le centre matériel de l'univers, elle en est le centre moral), sans revenir, dis-je, sur la lutte entre ceux qui croient pouvoir parler au nom de Dieu et ceux qui déclarent la Cause suprême inconnaissable, il est de notre devoir de rappeler ici que la doctrine du mouvement de la Terre a transformé toute la philosophie. C'est la plus grande révolution morale qui ait été accomplie dans l'histoire de l'humanité. Et cette doctrine ne fait qu'une avec celle de la Pluralité des mondes, qui en est le complément logique et naturel, et qui n'a pas été étrangère non plus à la condamnation de Galilée, de même qu'au supplice de Giordano Bruno, brûlé vif, à Rome, quinze ans avant la dénonciation de l'astronome italien à l'Inquisition. Elle est étroitement liée aussi avec celle de la liberté de conscience.

L'Astronomie moderne a fait voler en éclats la coquille de verre dans laquelle l'humanité était enfermée, l'horizon de la pensée humaine s'est développé jusqu'à l'infini, notre monde n'est qu'une petite planète, jouet de plus de douze mouvements différents, gravitant à la vitesse de 106.000 kilomètres à l'heure autour d'une étoile que nous appelons Soleil, parce que nous vivons dans son voisinage, et, chaque étoile étant un soleil, notre système solaire lui-même n'est qu'une province dans l'immensité des cieux. En nous plaçant en face de l'infini et de l'éternité, la science moderne nous fait pressentir la vie universelle et éternelle se déroulant en flots d'harmonie à travers les abîmes du temps et de l'espace ; elle nous élève dans la lumière, nous affranchit des ténèbres de la chrysalide, nous apporte l'indépendance. Nous sentons que la véritable grandeur de l'homme réside dans sa valeur intellectuelle et morale, que les dominations théocratiques et monarchiques, que le droit du plus fort sont des héritages des temps primitifs et barbares. Nous sentons que les apparences mondaines que l'on qualifie encore de grandeurs ne sont que fumée et vanité ; que le progrès n'avance que par les aspirations et les conquêtes de la conscience ; que ce que nous croyons grand est minusculement petit, ce que nous croyons absolu essentiellement relatif, ce que nous croyons durable et éternel étrangement frivole et momentané. En nous donnant un plus juste sentiment des proportions, en nous faisant connaître l'insignifiance de la Terre dans l'immensité de l'univers, l'Astronomie a exercé une action beaucoup plus importante qu'on ne le suppose, en général, dans l'affranchissement des consciences. Lisons seulement, sur ce point, un tout petit conte du XVIIIe siècle intitulé *Micromégas*.

Le progrès s'impose, d'ailleurs ; l'humanité commence à penser, à se demander où elle est et ce qu'elle est ; et les diverses confessions religieuses suivent elles-mêmes cette loi de l'évolution sans laquelle elles périraient ; nous avons vu l'astronome Secchi illustrer le Collège romain sous Pie IX ; Léon XIII a fondé un observatoire au Vatican, et l'ouvrage de Copernic, autrefois mis à l'index, en a été effacé. Le monde marche. *E pur se muove !*

Mais c'est de notre côté, du côté de la libre recherche, qu'est la Vérité : les faits le prouvent ; et nous avons le droit d'en être fiers. N'est-ce même pas pour nous un *devoir* de le proclamer, en une circonstance solennelle telle que celle-ci ? Il n'y a pas deux méthodes de découvertes : il n'y en a qu'une seule, la méthode expérimentale.

Eh bien ! la base de notre moderne connaissance de l'univers, c'est ce fait, si simple et si peu apparent en lui-même, du mouvement de la Terre. Oui, voilà le fait capital sans lequel la vraie science astronomique n'existerait pas.

Ce fait, il s'agit de le prouver.

La preuve est affirmée depuis longtemps par le raisonnement.

En effet. Nous voyons le Soleil, la Lune, les planètes, les étoiles, se lever à l'Orient, monter dans le ciel, arriver à un point culminant, descendre, se coucher à l'Occident et reparaître le lendemain à l'horizon oriental, après être passés au-dessous de la Terre.

Il n'y a que deux hypothèses à faire pour expliquer cette observation de tous les jours : ou bien c'est le ciel qui tourne de l'Est à l'Ouest ; ou bien c'est notre globe qui tourne sur lui-même, en sens contraire.

Dans le premier cas, il faut supposer les corps célestes animés de vitesses proportionnelles à leurs distances.

Le Soleil, par exemple, est éloigné de nous à 23.000 fois le demi-diamètre de la Terre : il devrait donc parcourir en vingt-quatre heures une circonférence 23.000 fois plus grande que celle de l'équateur terrestre, ce qui conduit à une vitesse de 10.695 kilomètres *par seconde*.

Jupiter est environ cinq fois plus loin : sa vitesse devrait être de 53.000 kilomètres par seconde.

Neptune, trente fois plus éloigné, devrait parcourir 320.000 kilomètres par seconde.

L'étoile la plus proche, Alpha du Centaure, située à une distance 275.000 fois supérieure à celle du Soleil, devrait courir, voler dans l'espace, avec une vitesse de 2 milliards 941 millions de kilomètres par seconde !

Toutes les étoiles sont incomparablement plus éloignées encore, jusqu'à l'infini.

Et cette rotation fantastique devrait s'accomplir autour d'un point minuscule !

Poser ainsi le problème, c'est le résoudre. A moins de nier les mesures astronomiques et les opérations géométriques les plus concordantes, le mouvement de rotation diurne de la Terre est une certitude.

Supposer que les astres tournent autour de la Terre, c'est supposer, comme l'a écrit un auteur humoristique, que pour rôtir un faisan on aurait fait tourner autour de lui la cheminée, la cuisine, la maison et tout le pays.

Les anciens avaient déjà été frappés de cette difficulté, et la théorie du mouvement de la Terre a compté de nombreux partisans dans l'antiquité, tels que les astronomes de l'école pythagoricienne, Philolaüs, Héraclide, Ecphantus, Nicétas, Aristarque de Samos, Seleucus de Babylone, etc. Mais l'école que nous pourrions appeler classique l'avait rejetée comme invraisemblable, les distances alors inconnues du Soleil, des planètes et des étoiles permettant de tempérer le raisonnement autant qu'on le voulait, et Ptolémée ne se gêne même pas pour traiter cette théorie de souverainement ridicule : « πανυ γελοιοτατον » ! Les prédicateurs de l'époque la traitaient de subversive, comme on peut le voir dans PLUTARQUE. Elle mettait en péril la stabilité de l'Olympe et de toute la cour de Jupiter. Anaxagore fut condamné pour avoir osé affirmer que le Soleil était plus grand que le Péloponèse.

Les mouvements de notre planète sont prouvés, archidémontrés, par toutes les mesures astronomiques. L'expérience directe n'est pas nécessaire.

Mais si elle n'est pas nécessaire, elle est curieuse, et elle a le grand avantage de parler aux yeux en mettant en évidence un mouvement dont nous sommes certains, mais que nous ne pouvons observer directement, puisque nous sommes entraînés avec lui et que nous en faisons partie comme le voyageur dans un wagon ou dans un navire.

Aussi, dès les premiers temps de l'Astronomie moderne, un certain nombre de savants ont-ils cherché à découvrir des preuves expérimentales de ce mouvement.

On peut voir, à la page 77 de mon *Astronomie populaire*, une petite figure représentant un canon vertical lançant un boulet. Cette vignette, que nous reproduisons ici, et qui est extraite d'un ouvrage de Varignon (*), l'un

---

(*) *Nouvelles conjectures sur la pesanteur*. Paris, 1690.

des membres de l'Académie des sciences, à sa fondation, montre deux personnages, un religieux et un militaire, regardant au zénith comme pour suivre le boulet qui vient d'être lancé. L'expérience a été faite, au xvii° siècle, par le P. Mersenne, religieux Minime, et Petit, intendant des fortifications, pour vérifier si la rotation de la Terre se manifesterait en laissant le boulet en arrière. Le premier boulet disparut : le second alla tomber à 2.000 pieds à l'Ouest, le troisième autant à l'Est, et les expérimentateurs, jugeant sans

Expérience faite au xvii° siècle sur la pesanteur.

doute que le quatrième pourrait prendre la moyenne et retomber sur leur tête, cessèrent l'expérience.

L'une des préoccupations de Galilée fut de démontrer que le mouvement imprimé à un corps s'y conserve, qu'un objet lâché du sommet du mât d'un navire tombe au pied du mât et non en arrière, qu'une pierre abandonnée à la pesanteur, du sommet d'une tour, doit, par conséquent tomber au pied de la tour. Tout le monde aujourd'hui connaît ces principes. On sait ce qui arrive si l'on se jette d'une voiture en marche ou d'une automobile.

Ce principe de l'indépendance des mouvements simultanés est particulièrement curieux à expérimenter dans la nacelle d'un aérostat. Si nous laissons tomber un objet, cet objet ne tombe pas directement au-dessous du ballon, mais suit la marche de l'aérostat comme s'il glissait le long d'un fil. Un jour, passant au-dessus d'Orléans et oubliant ce théorème du baccalauréat, je lestai d'un petit poids une dépêche destinée à la place du Martroy : emportée par sa vitesse acquise dans l'aérostat, cette dépêche traversa la ville et arriva juste au milieu de la Loire.

Cependant, le mouvement de la Terre peut se manifester. La première idée de cette possibilité paraît devoir être attribuée à Newton. Dans une lettre écrite à son collègue le Dr Hooke, en 1679, l'auteur du livre des *Principes* fait observer que si on laisse tomber un corps d'une hauteur suffisante, il devra, par suite de la rotation du globe, tomber à l'est de la verticale de son point de départ, parce que la force centrifuge, dirigée de l'Ouest à l'Est, est plus grande au sommet de la tour qu'à la base. Hooke fit remarquer, par une sorte de divination, que la déviation devait se produire, non à l'Est, mais au Sud-Est.

A la tour penchée des Asinelli, de Bologne, où le P. Riccioli avait expérimenté autrefois sur la chute des corps dans le but de combattre Galilée, Guglielmini essaya, en 1790 et 1791, l'expérience de la démonstration de la force centrifuge en laissant tomber de petites balles de plomb. Il trouva une déviation vers le Sud-Est de 2 centimètres, pour 80 mètres de hauteur.

La même expérience fut reprise en 1802 par Benzenberg à la tour Saint-Michel, à Hambourg. Il trouva une déviation de 9 centimètres vers l'Est et de 4 vers le Sud, pour une hauteur de 78 mètres.

Les calculs de Laplace, Olbers et Gauss, montrent, toutefois, que ces nombres sont incertains. Benzenberg recommença l'expérience en 1804, dans un puits de charbonnage de 87 mètres de profondeur, sans obtenir de résultats plus incontestables. Remarque curieuse, l'expérimentateur recommandait dès cette époque la coupole du Panthéon de Paris comme éminemment propre à ces observations délicates (*).

Renouvelée en 1831, dans la mine de Freiberg, par Reich, l'expérience donna 28^{mm} de déviation vers l'Est et 44^{mm} de déviation vers le Sud. Les calculs, qui n'indiquaient rien pour le Sud, indiquaient 27^{mm} pour une déviation orientale. La profondeur du puits était de 158 mètres. La moyenne est tirée d'observations assez discordantes (**).

Tandis que des expérimentateurs cherchaient, sans y arriver avec certitude, à obtenir une preuve visible du mouvement de rotation de notre planète par l'observation minutieuse de la chute des corps, d'autres savants étudiaient le pendule sans se douter qu'il pouvait conduire au même résultat, avec une sûreté beaucoup plus grande et sous une forme incomparablement plus frappante. Dès l'année 1661, dans la ville illustrée par les travaux, la vieillesse et la mort de Galilée, à Florence, les membres de l'académie del Cimento constataient les oscillations de cet appareil. On lit dans les *Mémoires* de cette Société : « Si on reçoit sur du marbre en poudre la pointe d'un pendule attaché à un seul fil, alors qu'il commence à se ralentir dans son mouvement, lequel, abandonné à ses propres vibrations, s'opère suivant une spirale, elle y trace sa course, qui est représentée par une spirale ovale, qui va toujours en

---

(*) Voir GILBERT, *Bulletin de la Société Astronomique de France*, 1896.

(**) Ces déviations ont été discutées à la Société Astronomique de France par M. MAURICE FOUCHÉ. Voir *Bulletin*, 1897, p. 246. La déviation vers le Sud ne serait que de 7 millièmes de millimètre pour une hauteur de 200 mètres, à la latitude de 45°, où elle est maximum. Ce serait pratiquement inappréciable. La déviation vers l'Est, dans les mêmes conditions, est de 43 millimètres.

se rétrécissant vers le centre... Le pendule va en s'éloignant insensiblement de sa première situation jusqu'à son repos » (*).

Il faut attendre jusqu'à l'année 1851 pour voir cette déviation apparente du plan d'oscillation du pendule interprétée comme témoignage du mouvement de la Terre. C'est à l'ingénieux physicien français Léon Foucault (**) que l'on doit le mérite d'avoir découvert la relation qui existe entre ces deux mouvements et d'en avoir tiré une démonstration physique de la rotation de notre planète. La première communication en a été faite à la séance de l'Académie des sciences du 3 février 1851. Nous pourrions, sans être accusé de créer là un néologisme exagéré, qualifier ce pendule ainsi installé du titre caractéristique de *géocinématoscope*. Il *montre*, en effet, le *mouvement* de la *Terre*.

Le principe de mécanique sur lequel cette expérience est fondée est que LE PLAN DANS LEQUEL ON FAIT OSCILLER UN PENDULE RESTE INVARIABLE, lors même que l'on fait tourner le point de suspension du pendule.

Deux petites figures, extraites de mon ouvrage *les Merveilles célestes*, permettront de saisir ce principe au premier coup d'œil. L'expérience peut

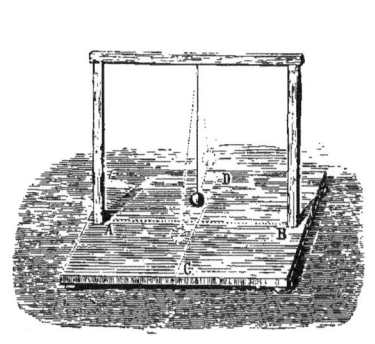
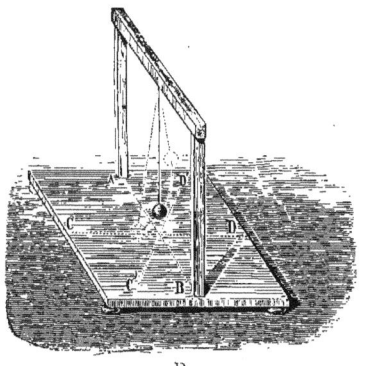

A B

Déviation apparente du pendule.

s'effectuer, comme on le voit, à l'aide d'un appareil des plus simples. On fait d'abord osciller le pendule dans la direction C D perpendiculaire à la ligne A B (fig. A); puis, pendant qu'il oscille, on fait tourner lentement l'appareil sur lui-même, de façon à lui donner la position indiquée figure B. La direction C' D' du plan d'oscillation reste la même que C D, comme on peut s'en assurer à l'aide de repères fixes pris hors de l'appareil. Seulement, sur le support, le plan d'oscillation paraîtra avoir dévié en sens contraire de

---

(*) Voir Arago, *Astronomie populaire*, tome III, p. 44.
(**) Né à Paris en 1819, mort dans la même ville en 1868.

la rotation imprimée au support, et si l'on n'avait pas conscience de ce mouvement, la déviation semblerait réelle.

Si nous imaginions qu'un pendule fût suspendu au-dessus du pôle Nord, une fois ce pendule en mouvement, le plan de ses oscillations restant invariable, malgré la torsion du fil, la Terre tournerait sous lui et le plan d'oscillation paraîtrait tourner en vingt-quatre heures, autour de la verticale, en sens contraire du véritable mouvement de rotation de la Terre, c'est-à-dire de la gauche vers la droite, dans le sens du mouvement des aiguilles d'une montre.

Au pôle austral, le pendule présentera les mêmes phénomènes; seulement le plan d'oscillation semblera tourner en sens contraire, à cause de la position inverse de l'observateur, c'est-à-dire que le mouvement apparent du plan d'oscillation, qui s'effectue de gauche à droite au pôle boréal, s'effectuerait de droite à gauche au pôle austral.

D'une manière générale, il est clair que si le plan d'oscillation semble tourner dans un certain sens d'un côté de l'équateur terrestre, il paraîtra tourner en sens contraire de l'autre côté; par conséquent, sur l'équateur même, le plan d'oscillation devra paraître immobile : il n'y a pas de raison pour qu'il semble y tourner dans un sens plutôt que dans l'autre, l'observateur placé à l'équateur étant toujours, pendant les vingt-quatre heures du mouvement de rotation de notre globe, dans la même position par rapport au pendule oscillant.

Si nous transportons le théâtre de l'expérience sous une latitude quelconque, la nôtre par exemple, le phénomène va se compliquer, parce que la verticale du point d'attache du fil, qui, au pôle, se confondait avec l'axe de la Terre, et avait une direction fixe, participe maintenant au mouvement du globe et décrit un cône autour de cet axe. Le plan d'oscillation du pendule libre, assujetti par l'action de la pesanteur à passer constamment par cette verticale, ne peut donc garder une direction invariable dans l'espace, mais, suivant une indication de Foucault que des calculs rigoureux ont confirmée, il s'écarte le moins possible, à chaque instant, de sa direction à l'instant qui précède, et si l'on suit les conséquences de ce principe, on trouve que la déviation apparente du plan d'oscillation, par rapport à la trace horizontale de sa position primitive, est proportionnelle au *sinus* de la latitude. Egale à la rotation même du globe, au pôle, elle va s'amoindrissant jusqu'à l'équateur où elle est nulle. On peut donc dire avec l'ingénieux inventeur : « De même qu'en pleine mer, à perte de vue du rivage, le pilote, les yeux fixés sur le compas, prend connaissance des changements de direction accidentellement imprimés au navire, de même l'habitant de la Terre peut se créer, au moyen du pendule, une sorte de boussole arbitrairement orientée dans l'espace absolu, et dont le mouvement apparent lui révèle le mouvement réel du globe qui le supporte (*) ».

L'appareil sur lequel Foucault vérifia d'abord ses déductions n'avait pas plus de 2 mètres de hauteur. Plus tard, il installa à l'Observatoire de Paris, un pendule de 11 mètres, sur lequel le phénomène se traduisit d'une manière bien plus sensible. Enfin, l'expérience fut faite au Panthéon dans des proportions grandioses. On fixa inébranlablement, au sommet de la coupole, les

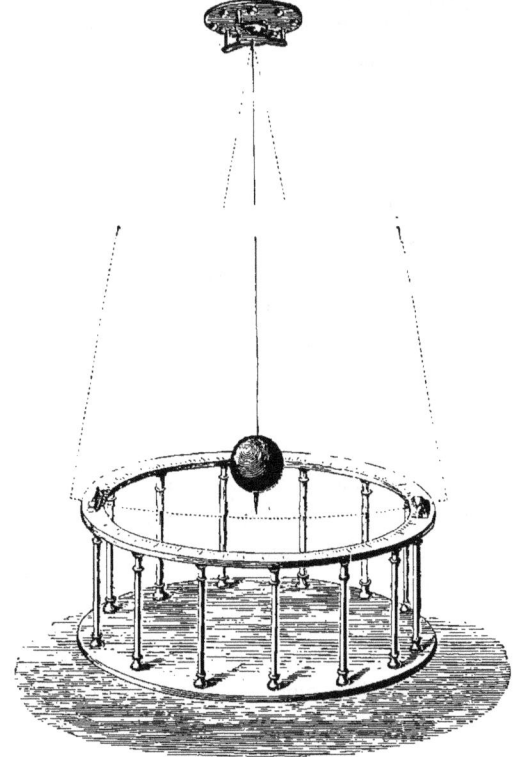

Mesure de la déviation.

pièces métalliques auxquelles était suspendue la tige du pendule, fil d'acier de 67 mètres de long sur $1^{mm}4$ de diamètre, soigneusement retouché par Froment. On garnit la sphère d'une pointe qui, à chaque oscillation, entaillait de petits monticules de sable. Les oscillations ayant une grande amplitude et une durée de seize secondes, la progression du plan d'oscillation était sensible à chaque va-et-vient. Cette déviation s'effectua régulièrement dans le sens annoncé par la théorie, et suivant la loi du sinus.

(*) Ph. Gilbert, *Bulletin de la Soc. Astr. de France*, 1896, p. 383. V. aussi Georges Sire, *Mémoires de la Société d'émulation du Doubs*, 1881, p. 319.

Dans la suite, une adaptation électro-magnétique, imaginée par le même physicien, permit de prolonger à volonté la durée de l'expérience qui, jusque-là, avait été limitée par l'extinction naturelle des oscillations.

L'expérience de Foucault présente, sur celles de la déviation des corps tombant d'une grande hauteur, un avantage considérable : elle accumule, pendant un temps assez long pour les rendre sensibles, les effets, d'abord tout à fait inappréciables, que la rotation si lente du globe terrestre exerce sur le mouvement apparent des corps. C'est ce que n'avait pas deviné l'académicien géomètre Poisson, qui avait conclu que la force perpendiculaire au plan d'oscillation est trop petite pour exercer une influence sensible (*).

Depuis l'année 1851, cette expérience a été reprise en divers points, à la cathédrale de Cologne, à l'Université de Groningue, aux cathédrales de Reims et d'Amiens, à la tour St-Jacques, au Conservatoire des Arts et Métiers, etc. On a pu voir fonctionner à l'Observatoire de Juvisy, en 1884, un pendule de 10 mètres qui marchait avec une grande précision et m'avait porté à penser que les difficultés d'installation ne sont pas aussi complexes qu'on l'enseigne dans les traités. Il est vrai que la boule de cuivre, construite aux ateliers de Secretan vers 1860, était d'une parfaite homogénéité.

A la séance de la Société astronomique de France du 8 janvier 1902, M. Wilfrid de Fonvielle, après une conférence sur le pendule, montra tout l'intérêt scientifique qu'il y aurait à reprendre l'expérience de Foucault, interrompue par le Coup d'Etat du 2 décembre 1851, qui eut pour résultat de rendre le Panthéon à l'exercice du culte. L'Assemblée applaudit à cette proposition, qui fut complétée séance tenante par l'invitation faite au Secrétaire général de la Société d'agir auprès des autorités compétentes pour obtenir ce rétablissement (**).

Le Panthéon a été rendu au public à l'époque des funérailles de Victor Hugo, et rien ne s'opposait à la reprise de cette grandiose leçon d'astronomie.

Ma démarche auprès de M. le Directeur des Beaux-Arts et de M. le Ministre de l'Instruction publique a été accueillie avec la plus gracieuse sympathie, et l'autorisation de renouveler la fameuse expérience me fut immédiatement octroyée. Précisément, à propos du centenaire de Victor Hugo, fêté au Panthéon le 26 février dernier, notre collègue de la Société astronomique, M. Nénot, l'érudit auteur de la nouvelle Sorbonne, venait d'être nommé architecte du Panthéon. Après ces fêtes du centenaire, M. Nénot se mit avec la plus grande obligeance à notre disposition, très heureux lui-même de s'associer à cette belle expérience scientifique.

Il me sembla en même temps que je ne pouvais choisir de collaborateur

(* Joseph BERTRAND, Éloges académiques, Foucault, p. 266.
(**) Bulletin de la Société Astronomique de France, février 1902, p. 70; mars, p. 113.

L'expérience du Panthéon.

plus compétent pour l'installation du pendule que notre collègue M. Berget, docteur ès sciences, préparateur du cours de physique de M. Lippmann, à la Sorbonne, qui déjà nous a vivement intéressés, à l'Observatoire de Paris et à la Société astronomique, par ses travaux personnels sur le pendule. M. Berget s'est mis à l'œuvre avec toute l'activité d'un sincère ami de la science et a étudié la question dans ses plus minutieux détails. Les dispositions générales ont été prises en commun avec M. Nénot.

Il ne restait au Panthéon, de l'expérience de 1851, que la balustrade autour de laquelle le public est placé pour observer le mouvement du pendule. La boule qui nous sert n'est pas celle de Foucault, mais celle du pendule institué, autrefois, par le physicien Maumené, à la cathédrale de Reims, pour continuer l'expérience. Elle a le même poids (28 kil.).

La tige de suspension est une corde de piano en acier, mesurant 67 mètres de longueur et 0^{mm}72 de diamètre. Elle nous été offerte obligeamment par M. Lyon, directeur de la maison Pleyel. Son point d'attache est une solide pince de cuivre fixée dans une poutre massive au-dessus du sommet du dôme.

D'après le rapport trouvé par Foucault, la rotation apparente du plan d'oscillation du pendule est proportionnelle au sinus de la latitude. Autrement dit, le déplacement angulaire du plan d'oscillation est égal au mouvement angulaire de la Terre dans le même temps, multiplié par le sinus de la latitude du lieu d'observation. On a, pour Paris :

Latitude du Panthéon . . . . 48° 50' 49".
Sinus λ 0, 7529543

Déviation en un jour sidéral :

360° sin λ = 271°,06355 = 271° 3' 48". 8.

Durée nécessaire pour faire un tour entier :

$\frac{24^h}{\sin \lambda}$ = 31^h,8744 = 31^h 52^m 27^s, 9 temps sidéral.

= 31^h,7874 = 31^h 47^m 14^s, 6 temps moyen.

Déviation en une heure sidérale :

15° sin λ = 11°,29431 = 11° 17' 39", 5

Ou, en une seconde :

11", 29431

En 8 secondes :

1' 30", 35

En 16 secondes :

3' 1", 10

La durée de l'oscillation d'un pendule, exprimée en secondes, est égale à la racine carrée de la longueur exprimée en mètres(*). Ainsi, la durée de l'oscillation d'un pendule de 64 mètres est de 8 secondes. Il s'agit de l'oscillation

---

(*) La durée des oscillations de différents pendules est proportionnelle à la racine carrée de leurs longueurs. $T = \pi \sqrt{\frac{l}{g}}$. π est invariable (= 3,14159) ; g est également invariable pour un même lieu. A Paris, g = 9^m,8094 et la longueur du pendule battant la seconde est de 0^m,9939.

simple. L'oscillation double, c'est-à-dire le retour au point de départ, est, par conséquent, de 16 secondes.

La hauteur totale de notre pendule, jusqu'au centre de la boule, étant de 67^m24, la durée de l'oscillation simple est de $\sqrt{67,24}$ ou de $8^s,2$. L'aiguille revient donc au bout de $16^s,4$ à son point de départ. C'est là une oscillation lente et majestueuse, dont la vitesse ne surpasse pas celle de la marche d'un homme.

L'oscillation dure plusieurs heures, en diminuant graduellement d'amplitude, mais en restant toujours isochrone. On voit presque immédiatement le plan se déplacer en apparence de gauche à droite, de l'est à l'ouest, comme le mouvement diurne apparent du ciel. Pour éviter toute déviation initiale, la boule est d'abord attachée à un fil que l'on brûle sans y toucher : la lourde sphère rendue libre se meut en vertu de la seule force de la pesanteur.

Nous pouvons faire toucher par la pointe du pendule des talus de sable disposés à 4 mètres du centre. La circonférence de ce cercle de 25133 millimètres à parcourir en 31 heures 47 minutes 15 secondes ou 114435 secondes, indique une déviation de $0^{mm},219$ par seconde, ou de $3^{mm},592$ pour l'échancrure à chaque retour. C'est à peu près ce que nous constatons. En 10 oscillations doubles, ou en 2 minutes 44 secondes, cette échancrure est d'environ 3 centimètres et demi. C'est sensible à la plus simple observation pour tous les spectateurs. L'amplitude diminuant assez vite, il est préférable de placer les talus à 3 mètres du centre.

La magnifique démonstration du pendule du Panthéon n'avait été inscrite que sur du sable. Il m'a semblé qu'il y aurait un grand intérêt à posséder le document technique de l'inscription automatique de cette marche, non seulement au point de vue de la preuve expérimentale de la rotation de la Terre, mais encore en ce qui concerne la forme elliptique des oscillations, la variation de cette forme, l'influence de la résistance de l'air, etc. Malgré sa simplicité apparente, ce graphique n'est pas facile à obtenir, et je me fais un devoir de remercier ici le savant et célèbre constructeur Carpentier du précieux concours qu'il a bien voulu m'apporter dans cette étude si délicate.

Cette leçon d'astronomie est digne, en sa simple éloquence, de la science admirable qu'elle représente. Ce pendule, dont le point de suspension se perd pour notre vue dans les hauteurs du dôme immense (que l'artiste eût été mieux inspiré en le décorant des constellations de la nuit étoilée plutôt que de cette figuration plus ou moins politique, et déjà dans la brume, comme la charte de Louis XVIII), ce pendule, dis-je, revient à la verticale dont nous l'avons écarté, la dépasse, y revient de nouveau, en vertu de la pesanteur, en un mouvement précis, mathématique, solennel. Ce balancement grandiose et tranquille d'une simple sphère suspendue à un fil, nous offre une image de la splendeur des mouvements célestes, régis comme celui-ci par les lois de la gravitation, et en le contemplant, nous contemplons un symbole de l'harmonie des cieux, harmonie et beauté qui ne font qu'un pour l'esprit qui les perçoit.

Nous avons aussi là une image de l'universalité des lois de la nature, la force qui anime ce pendule étant la même que celle qui soutient le Soleil et la Terre dans l'espace, ou les étoiles doubles bercées dans l'impondérable éther. En recevant par ce spectacle la démonstration du mouvement de notre planète, nous sentons que nous habitons une terre du ciel qui n'a reçu aucun privilège spécial, que cette patrie terrestre n'est qu'une modeste province de l'univers, que nous sommes citoyens du ciel, comme si nous habitions le monde de Mars ou le système de Sirius, et que nous vivons au sein de l'Infini et de l'Éternité.

En nous transportant dans les régions de la philosophie astronomique, ces recherches nous élèvent au-dessus des vulgarités de la vie quotidienne. De toutes les sciences, l'Astronomie est assurément celle qui nous force le plus A PENSER. Elle nous transporte au bord des abîmes de l'espace et du temps. Elle nous place en face de l'immense réalité. Elle nous montre les mondes succédant aux mondes jusque dans les profondeurs d'un espace sans bornes.. dont le centre est partout !... Elle nous donne la sensation — j'allais dire le vertige — de l'Infini, comme le rappelait naguère si excellemment M. Ministre de l'Instruction publique en un éloquent Discours. Au-dessus des religions elle place la Religion ; au-dessus des dieux humains elle vénère Dieu ; elle discute le miracle et supprime la superstition ; à l'erreur anthropocentrique et téléologique sur laquelle sont encore fondées la plupart des institutions politiques et religieuses, elle substitue le déterminisme, la justice, l'harmonie.

Ces contemplations affranchissent nos consciences des servitudes antiques en proclamant l'inattaquable indépendance de la pensée et le culte de la vérité, et en même temps elles nous font prendre en pitié les divisions lilliputiennes entretenues par l'orgueil sur cette minuscule fourmilière tournante. Et elles ennoblissent nos esprits, en nous invitant à vivre en paix dans l'étude féconde du vrai, dans la contemplation du beau, dans la pratique du bien, dans le développement progressif de la raison, dans le noble exercice des facultés supérieures de l'intelligence.

L'Astronomie n'est pas seulement la première des sciences, la plus belle et la plus sublime ; elle est encore la plus importante par son enseignement, car sans elle nous ne saurions même pas où nous sommes, — et c'est elle qui nous a apporté la lumière !

* * *

SOCIÉTÉ ASTRONOMIQUE DE FRANCE

Cette utile association, créée en 1887, dans le but d'établir un centre pour tous ceux qui s'intéressent aux découvertes et aux progrès de l'Astronomie, et reconnue d'utilité publique en 1897, a pris un rapide développement et compte déjà près de 3000 membres. Son siège est à Paris, Hôtel des Sociétés Savantes, rue Serpente, 28, où ses réunions ont lieu le premier mercredi de chaque mois. Elle publie un important *Bulletin* mensuel, qui tient au courant de tous les progrès de la science, et possède un Observatoire et une Bibliothèque constamment ouverts à ses membres. Pour en faire partie, il suffit d'aimer la science (¹). La cotisation est minime (10 francs par an). Tous les sociétaires reçoivent le Bulletin et les publications de la Société. Les présidents ont été successivement :

1887 M. C. Flammarion		1895 M. J. Janssen
1888 id.		1896 id.
1889 M. H. Faye		1897 M. A. Cornu
1890 id.		1898 id.
1891 M. Bouquet de la Grye		1899 M. O. Callandreau
1892 id.		1900 id.
1893 M. F. Tisserand		1901 M. H. Poincaré
1894 id.		1902 id.

(¹) S'adresser à M. Bertaux, secrétaire, rue Serpente, 28. Un numéro spécimen du *Bulletin* est envoyé gratuitement sur demande.

BUREAU POUR 1902 :

MM. H. Poincaré, membre de l'Institut et du Bureau des Longitudes, professeur à la Faculté des sciences, *Président*.

G. Lippmann, membre de l'Institut et du Bureau des Longitudes, professeur à la Faculté des sciences ;

le Général Bassot, membre de l'Institut, président du Bureau des Longitudes, directeur du Service géographique de l'armée ;

Caspari, astronome, ingénieur hydrographe de la marine ;

Ch. Lallemand, directeur du Nivellement général de la France, membre du Bureau des Longitudes ;

} *Vice-Présidents*.

Camille Flammarion, astronome, ancien président, *Secrétaire général*.

H. Deslandres, astronome titulaire à l'Observatoire de Meudon, *Secrétaire*.

Émile Touchet, lauréat de la Société, *Secrétaire-adjoint*.

Adolphe Hentsch, banquier, *Trésorier*.

E. Bertaux, éditeur-géographe, *Secrétaire-Trésorier*.

Maurice Ballot, *Bibliothécaire* (Ouvrages et Mémoires).

Maurice Petit, *Bibliothécaire-adjoint* (Archives photographiques).

Anciens Présidents, membres inamovibles du Bureau :

MM. A. Bouquet de la Grye, membre de l'Institut et du Bureau des Longitudes, Président de l'Académie des Sciences.

J. Janssen, membre de l'Institut et du Bureau des Longitudes, Directeur de l'Observatoire de Meudon.

O. Callandreau, membre de l'Institut, astronome à l'Observatoire de Paris, professeur à l'École Polytechnique.

ŒUVRES DE CAMILLE FLAMMARION

OUVRAGES PHILOSOPHIQUES

La Pluralité des mondes habités. 1 vol. in-12. 37ᵉ éd. — 3 fr. 50.
Les Mondes imaginaires et les Mondes réels. 1 vol. in-12. 23ᵉ éd. — 3 fr. 50.
La Fin du Monde. 1 vol. in-12. 16ᵉ mille. — 3 fr. 50.
Récits de l'Infini. Lumen. 1 vol. in-12. 14ᵉ édit. — 3 fr. 50.
Lumen. 1 vol. in-8°, illustré. — 5 fr.
Lumen. 1 v. in-18. 57ᵉ mille. — 0 fr. 60.

Dieu dans la nature. 1 vol. in-12. 28ᵉ éd. — 3 fr. 50.
Les Derniers jours d'un philosophe, de Sir Humphry Davy. 1 vol in-12. — 3 fr. 50.
Uranie, roman sidéral. 1 vol. in-12. 30ᵉ mille. — 3 fr. 50.
Stella, roman sidéral. 1 vol. in-12. 10ᵉ mille. — 3 fr. 50.
L'Inconnu et les Problèmes psychiques, 1 vol. in-12, 15ᵉ mille. — 3 fr. 50.

ASTRONOMIE PRATIQUE

La planète Mars et ses conditions d'habitabilité. Etude synthétique accompagnée de 580 dessins télescopiques et 23 cartes aréographiques. 1 vol. gr. in-8°. — 12 fr.
La planète Vénus. Discussion générale des observations (94 dessins). 1 br. in-8°. — 1 fr.
Les Etoiles doubles. Catalogue des étoiles multiples en mouvement, avec les positions et la discussion des orbites. — 8 fr.
Les Eclipses du vingtième siècle, visibles à Paris. 33 figures et 2 cartes. 1 br. in-8°. — 1 fr.
Les imperfections du calendrier. Projet de réforme. 1 br. in-8°. — 1 f.

Etudes sur l'Astronomie. Recherches sur diverses questions. 9 vol. in-18. — 2 fr. 50.
Grand Atlas céleste, contenant plus de cent mille étoiles. In-folio. — 45 fr.
Grande Carte céleste, contenant toutes les étoiles visibles à l'œil nu. — 6 fr.
Planisphère mobile, donnant la position des étoiles chaque jour. — 8 fr.
Carte générale de la Lune. — 6 fr.
Globes de la Lune et de la planète Mars. — 6 fr.

ENSEIGNEMENT DE L'ASTRONOMIE

Qu'est-ce que le Ciel? Astronomie élémentaire. 1 vol. in-18. — 0 fr. 60.
Petite Astronomie descriptive. 1 vol. in-12. — 1 fr.
Les Merveilles Célestes. 1 vol. in-8°. 53ᵉ mille. — 2 fr. 50.
Astronomie populaire, exposition des grandes découvertes de l'astronomie. 1 vol. gr. in-8°. 100ᵉ mille. — 12 fr.

Les Etoiles et les Curiosités du Ciel. Supplément de l'*Astronomie populaire*. 55ᵉ mille. — 12 fr.
Les Terres du Ciel, description des planètes. 1 vol. gr. in-8°. 50ᵉ mille. — 12 fr.
Copernic et le Système du monde. 1 vol. in-18. — 0 fr. 60.
Petit Atlas astronomique de poche. 1 vol. in-24. — 1 fr. 50.
Annuaires astronomiques. — 1 fr. 25.

SCIENCES GÉNÉRALES

Le Monde avant la création de l'homme, 1 vol. gr. in-8°. 56ᵉ mille. — 12 fr.
L'Atmosphère, Météorologie populaire. 1 v. gr. in-8°. 28ᵉ mille. — 12 fr.
Mes Voyages aériens. 1 vol. in-12. — 3 fr. 50.

Contemplations scientifiques. 2 vol. in-12. — 3 fr. 50.
Les Eruptions volcaniques et les Tremblements de terre. 1 vol. in-8°. — 3 fr. 50.
Curiosités de la Science. 1 vol. in-18. — 0 fr. 60.

VARIÉTÉS LITTÉRAIRES

Dans le Ciel et sur la Terre. 1 vol. in 12. — 4 fr.
Rêves étoilés. 1 vol in-18. 33ᵉ mille. — 0 fr. 60.

Clairs de Lune. 1 v. in-18. — 0 fr. 60.
Excursions dans le Ciel. 1 vol. in-18. — 0 fr. 60.

Dictionnaire encyclopédique universel

Contenant tous les mots de la langue française et résumant l'ensemble des connaissances humaines. Illustré de 20 000 figures. 8 volumes grand in-8°. Brochés, 95 francs ; reliés, 130 francs.

www.ingramcontent.com/pod-product-compliance
Lightning Source LLC
Chambersburg PA
CBHW060456050426
42451CB00014B/3348